Historias del abuelo Manuel

Historias del abuelo Manuel

Autora
Gloria Galán

Coordinador de la colección
Pedro de la Herrán

8-10
AÑOS

BIBLIOTHECA
HOMO LEGENS

BIBLIOTHECA HOMO LEGENS

© Pedro de la Herrán, Gloria Galán
© Editorial IVAT S.L., 2025
Calle Nicasio Gallego, 9, local
28010 Madrid
91 005 35 54
www.homolegens.com

ISBN: 978-84-18162-15-2
Depósito legal: M-22541-2025

Maquetación: Pablo Larrocha

Impreso en España - Printed in Spain

ÍNDICE

Te recomendamos este
documental sobre Carlo Acutis
producido por **EWTN**.

PRESENTACIÓN

La canonización de Carlo Acutis ha sido un motivo de acción de gracias a Dios por este jovencísimo santo que está llamado a jugar un papel destacado al enseñar con sus heroicas virtudes que la llamada a la santidad es para todos los bautizados, sin distinción de edad ni de época.

El librito que ahora se presenta, «Historias del abuelo Manuel», va dirigido a la iniciación cristiana de los niños cuando se preparan para su primera eucaristía o la han recibido recientemente. El protagonista del libro es el abuelo Manuel, que quiere con locura a sus pequeños nietos. En este caso, Manuel, muy aficionado a la lectura, es requerido por sus nietos, Cuca y Kiko, para que los ayude a hacer unos trabajos sobre vidas de santos que les ha encargado su catequista.

El abuelo va facilitando, sucesivamente, a sus nietos unos libritos sencillos que narran vidas de santos, con el fin de que puedan hacer sus trabajos de catequesis. Los niños se entusiasman con esas historias que los acercan a la vida heroica de algunos santos, entre los cuales la mayoría son niños de edades parecidas a las suyas. Al mismo tiempo, en cada lectura encuentran un modelo para aplicar en sus vidas, ya

que cada santo que el abuelo les presenta responde a una situación real que están viviendo los niños, lo que los ayuda a resolver sus pequeños conflictos. De este modo, los dos mellizos van iniciándose en la fe y en la vida cristiana leyendo las biografías de esos niños admirables.

Los capítulos dedicados en este librito a los niños santos son muy variados, desde san Tarsicio, el santo mártir de la Eucaristía del siglo III, hasta santa María Goretti, de comienzos del siglo XX, la niña que entregó su vida a los doce años por defender su santa pureza. Otros capítulos se dedican a algunos santos por los que Carlo Acutis sintió una especial devoción, como san Francisco de Asís y santa Teresita del Niño Jesús.

Es bien conocida la gran atracción que sienten los niños de hoy hacia los niños santos de cualquier época. Por eso, san Carlos Acutis es para ellos como un imán que los lleva a Jesús y, especialmente, a la fe y el amor a la Sagrada Eucaristía.

Los autores: Pedro de la Herrán y Gloria Galán

CAPÍTULO 1

LOS SANTOS DEL CIELO

Cuca y Kiko son dos hermanos que, como tú, se están preparando para hacer la primera comunión al final de este curso. La idea de poder recibir a Jesús en cuerpo y alma los llena de ilusión y quieren estar lo mejor preparados posible.

El último proyecto que les han propuesto a ellos y a sus compañeros de la parroquia ha sido hacer un trabajo voluntario, pues quieren saber cómo poner en práctica las cosas que han ido aprendiendo a lo largo de los dos últimos años. Se les ha ocurrido pedir ayuda al abuelo Manuel, que quizá porque lleva el nombre de Jesús... ¡sabe muchísimo sobre él!

—¿Cómo poner en práctica el amor a Jesús? —les preguntó cuando los niños fueron a su casa.

—Eso, abuelo —Kiko se mordió una uña pensativo.

—Abuelo —intervino Cuca—, sabemos muchas cosas del Señor, pero... ¿Cómo podemos vivirlas?

—¡Buena pregunta! Y tiene una fácil respuesta... Venid conmigo, tengo algo que enseñaros.

El abuelo se levantó de la butaca y se llevó la mano

al bolsillo de la chaqueta, de donde sacó una llave grande de hierro. Se la mostró a sus nietos y con un susurro de voz, les dijo:

—Seguidme.

Los niños fueron tras él y se preguntaban intrigados dónde se dirigían, pues Manuel salió del cuarto de estar y cruzó el pasillo hasta llegar a los pies de una escalera que había al final del pasillo.

Después, comenzó a subir lentamente hasta llegar ante una puerta de aspecto antiguo. Una vez allí, el abuelo tomó aire, introdujo la llave en la cerradura y dijo:

—¡Tachín, tachíiiiinnnn! ¡Estamos en la mejor habitación de la casa!

Los chicos se quedaron con la boca abierta y los ojos como platos. Aquel cuarto estaba en penumbra, apenas se veía nada y olía de una manera extraña.

Entonces pidió a Kiko que levantara las persianas y, al hacerlo, entró un haz de luz mostrandoles un montón de libros, colocados en perfecto orden, en estanterías que llegaban desde el techo hasta el suelo cubriendo casi la totalidad de las paredes. El abuelo se dirigió a una de ellas y les mostró lo que contenían:

—Mirad todos estos libros —dijo señalando con el brazo—, son mi colección de vidas de santos.

—¡Vidas de santos! —exclamó Kiko—. ¿Qué es un santo, abuelo?

El abuelo entrecerró los ojos y sonrió antes de contestar.

—Un santo es una persona que está en el cielo.

—¿Cómo la abuela? —Cuca aún se entristecía cuando se acordaba de ella.

—¡Eso espero! —el abuelo afirmó al contestarle.

—Entonces... ¿aquí hay un libro sobre nuestra abuela? —preguntó Kiko buscando con la mirada entre los muchísimos ejemplares de la colección.

—¡Noooo! —el abuelo rió con ganas— No, no lo hay, al menos de momento —bromeó.

—Pero tú has dicho....

—Sí, ya sé lo que he dicho, pero mirad, escuchadme con atención: todas las personas que están en el cielo son santas, claro que sí, pero no todas son conocidas. Es más, de hecho, son muy pocos los santos que conocemos, ya que el cielo está lleno de ellos.

> **TODAS LAS PERSONAS QUE ESTÁN EN EL CIELO SON SANTAS, CLARO QUE SÍ, PERO NO TODAS SON CONOCIDAS.**

—¿Hay miles? —interrumpió Kiko.

—¡Desde luego! —el abuelo describió un círculo con los brazos y siguió explicando:

—Lo que ocurre es que la mayoría pasan desapercibidos, solo su entorno más cercano es consciente de que han sido personas extraordinariamente buenas. Sin embargo, en algunos casos, la vida de un hombre o de una mujer que está en el cielo ha sido muy conocida por las circunstancias que le han rodeado, y entonces la Iglesia los proclama «santos», para que nos sirvan de ejemplo a los que aún estamos de camino...

—¿Los que tienen «san» delante del nombre, verdad, abuelo? —dijo Cuca.

—Exacto —volvió a reír—, los que tienen «san» o «santo» o «santa».

—¡Ah, ya! —Kiko cerró los ojos recordando— santa Teresa, santo Tomás, san Antonio...

—¡Eso es! —afirmó el abuelo—. Y se me ocurre que le podéis proponer a vuestro catequista llevar el resumen de la vida de un santo cada quince días, ¿qué os parece?

—¡Una idea buenísima! —aplaudió Cuca— pero, ¿cómo lo hacemos?

—Pues, por lo pronto, esta puerta se queda abierta y cada vez que queráis, podéis venir aquí y leer el libro que os apetezca, ¿os parece?

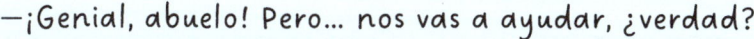

—¡Genial, abuelo! Pero... nos vas a ayudar, ¿verdad?

—Siempre que lo necesitéis, desde luego.

—¡Pues empezamos hoy mismo! —Kiko miró de arriba a abajo la estantería y preguntó— ¿Por cuál empezamos?

El abuelo escogió un libro, lo sacó del estante con mucho cuidado y, acariciándolo, se lo puso a su nieto entre las manos.

—Mirad, puesto que vais a hacer la primera comunión, creo que este os gustará mucho. Es la historia de san Tarsicio, el gran defensor de la Eucaristía. Pero antes de que lo leáis, debéis contarle el proyecto a vuestros compañeros y la semana que viene empezamos, ¿os parece bien?

—¡Genial, abuelo! —contestaron los niños que, muy ilusionados, esperaron impacientes a la próxima sesión de catequesis.

CAPÍTULO 2

SAN TARSICIO

Cuando el abuelo los dejó solos, Kiko y Cuca se acercaron a la mesa que había en el centro de la habitación y arrimando cada uno una silla se sentaron en ella. Abrieron el libro con cuidado. Lo primero que hicieron fue pasar todas las páginas mirando las ilustraciones.

—No te chupes el dedo —gruñó Cuca al ver que su hermano se lamía el dedo corazón para pasar las páginas con él.

—Es que las hojas están pegadas unas con otras —se defendió Kiko.

—¡Pero así se estropean los libros! —Cuca empujó a su hermano.

Kiko le hizo una mueca y siguió pasando las hojas sin hacer caso de los reproches de su hermana. Entonces, volvió a la primera página y exclamó:

—Pero mira, Cuca... ¡Si era un niño!

—¡Es verdad! ¿Qué fue lo que hizo?

—El abuelo ha dicho que defendió la Eucaristía...

—¿Defenderla? Pero... ¿de quién?

Los dos hermanos sintieron un enorme interés por aquella historia y poniendo las cabezas muy juntas comenzaron a leer.

«Valeriano era un emperador duro y sanguinario,
que quería acabar con los cristianos, pues estaba
convencido de que eran enemigos del Imperio
romano...».

—¡Corcho! —Kiko interrumpió la lectura— ¡Es del tiempo de los romanos!

—A ver... Sí... Dice que es del año 257 o 258... ¡Madre mía!

—¡Sigue, sigue leyendo! —Kiko apremió a su hermana.

—Mira —señaló Cuca con el dedo— resulta que estaba prohibido celebrar la santa misa y se tenían que esconder para hacerlo.

—Aquí dice que la celebraban en las cat.. pac... ¡catapumbas! —leyó Kiko con esfuerzo.

—Catacumbas, tonto —rió su hermana.

—¿Eso qué es?

—Ni idea, pregúntale al abuelo.

Kiko corrió escaleras abajo y en dos minutos subió con la respuesta: eran cementerios subterráneos y se lo contó a su hermana con cara de mucho miedo.

—No debía ser muy agradable, la verdad —dijo la niña— pero al menos ahí estaban seguros.

—Pues tampoco, me ha dicho el abuelo que los romanos lo sabían y que con frecuencia iban allí y los pillaban, entonces los hacían prisioneros, luego los martirizaban y los asesinaban.

A Cuca de pronto se le llenaron los ojos de lágrimas y Kiko la abrazó.

—No llores, piensa que ahora todos ellos son mártires y están en el cielo —dijo Kiko consolandola.

Pero Cuca lo miró muy seria y le contestó:

—No es eso, es que de pronto he sentido una vergüenza enorme... Piensa cómo sufrían estos primeros cristianos y, sin embargo, nosotros, que tenemos toda la libertad del mundo, a veces no vamos a misa solo porque no tenemos ganas...

A PESAR DE LA LIBERTAD QUE TENEMOS HOY, A VECES DESCUIDAMOS LA MISA, MIENTRAS LOS PRIMEROS CRISTIANOS SUFRÍAN POR ELLA.

—¡Es verdad! —Kiko se quedó muy pensativo— ¡Qué horror!

Muy callados, siguieron leyendo la historia de san Tarsicio:

«En una ocasión Tarsicio presenció la ejecución del mismo papa mientras celebraba la eucaristía y, desde aquel momento, se mostró dispuesto a morir él también por Jesús si fuera necesario. En una ocasión en la que estaban celebrando la eucaristía en las catacumbas de san Calixto, el papa Sixto se acordó de los hermanos encarcelados que no tenían sacerdotes y por lo tanto no podían recibir la comunión. Fueron muchos los que se ofrecieron a llevarles a la cárcel la Sagrada Eucaristía, entre ellos Tarsicio, quien le dijo al papa que nadie sospecharía de él, puesto que era muy pequeño».

—¡Que valiente! —suspiró Kiko— ¡Así quisiera ser yo!

—Calla, sigue, sigue... —Cuca leyó en voz alta:

«Tenía once años. Salió de su refugio ocultando junto a su pecho las sagradas formas, pero en la calle unos niños de su edad lo llamaron para que jugara con ellos. Como no se quiso parar y vieron que ocultaba algo, se lo quisieron arrebatar, pero él apretó sus brazos con toda su fuerza sobre el cuerpo del Señor.

Entonces lo derribaron a tierra, le propinaron una paliza y lo apedrearon, pero ni siquiera así consiguieron separarle los brazos de su pecho. Dios hizo el milagro de que no pudieran abrírselos jamás, (ni siquiera después de muerto). Como resultado de las pedradas, los niños mataron a Tarsicio, quien prefirió derramar su sangre antes de permitir que nadie profanara el cuerpo de Jesús».

—La próxima vez que me queje porque hay que ir a misa me tiras de la oreja, pero bien fuerte, ¿vale? —le pidió Kiko a su hermana.

—Descuida… ¡Y tú a mí, por favor!

CAPÍTULO 3

NUESTROS HERMANOS MAYORES
(LOS PRIMEROS CRISTIANOS)

Aquella tarde Kiko y Cuca llegaron muy contentos a cateque-sis, pues traían una novedad que seguro que les iba a gustar a todos: siguiendo la propuesta de Pedro, su catequista, iban a colaborar llevando cada quincena la historia resumida de algún santo y el abuelo Manuel los iba ayudar.

—Me parece una idea estupenda —les dijo Pedro—, y una forma muy bonita de colaborar con la Iglesia.

—¿Cómo lo vais a hacer? —preguntó Ana, una de las niñas del grupo.

—Pues el abuelo lee el tema que nos toca aprender en ca-tequesis y después nos ayu-da a elegir un libro donde se cuenta la vida de algún san-to que esté relacionado con el tema —explicó Cuca.

—¡Tiene muchísimos libros! —dijo Kiko agitando una mano— y es que mi abuelo es el mejor del mundo.

Pedro miró divertido a Kiko y asintiendo con la cabeza les explicó a los niños que era cierto que el abuelo Manuel era un hombre buenísimo.

—Fue el catequista de mi madre, hace muchos años —recordó— y siempre ha sido un hombre muy activo en la parroquia. Como os he dicho, ha sido catequista, lector en misa, organiza grupos de oración... y ahora, aunque es mayor, sigue echando una mano siempre que puede.

—Y eso... ¿por qué? Esas cosas las tienen que hacer los curas, ¿no? —intervino Luis, otro de los compañeros.

—¡No, no, no! —Pedro negó vivamente con la cabeza—. Todos somos Iglesia y, por lo tanto, todos debemos colaborar, cada uno como pueda y sepa. Mira, Cuca —continuó—, haz el favor de darme ese libro de ahí —dijo señalando a la estantería.

La niña se levantó de la silla y cogió el libro que el catequista le había pedido. Lo conocía: era la Biblia. Pedro lo abrió por una de las páginas del final y luego les dijo:

—¿Os acordáis de cuando vimos la ascensión del Señor? ¿Qué les dijo a los apóstoles antes al despedirse de ellos?

—Que fueran por todo el mundo predicando el Evangelio, bautizando y que el Espíritu Santo los ayudaría a hacerlo —contestó Clara, que era la niña que más se aplicaba en la clase.

—¡Eso es! Pues mirad, ese mensaje es para todos nosotros, para todos los bautizados. Y aquí, en estas páginas de la Biblia que se llama «Hechos de los apóstoles», se nos relata la venida del Espíritu Santo. Os lo voy a resumir.

Pedro leyó unos instantes en silencio y luego les explicó:

—Estaban todos los apóstoles juntos, con María, la madre de Jesús. Tenían mucho miedo de que los judíos los apresaran y los mataran como habían hecho con el Señor. Era el día de Pentecostés, una fiesta muy importante, pero ellos... ¡estaban aterrados! De repente, empezó a sonar un ruido fortísimo, de viento, como si fuera un huracán y, boquiabiertos del asombro, vieron que sobre sus cabezas aparecían como unas lenguas de fuego. En ese mismo momento se sintieron llenos de una inmensa paz y de una alegría tan enorme que los hizo salir a la calle y comenzaron a predicar venciendo el miedo. Allí había personas de muchos lugares diferentes, que hablaban distintos idiomas y... ¿Sabéis qué? Pues... ¡¡¡que cada uno lo oía en su propia lengua!!!

—Y eso, ¿cómo puede ser? —preguntó Kiko.

> *TODOS LOS BAUTIZADOS TENEMOS LA MISIÓN DE TRANSMITIR LA FE DE PADRES A HIJOS, DE HERMANO A HERMANO, DE AMIGO A AMIGO...*

—El Espíritu Santo lo hizo posible —continuó Pedro—. Desde entonces, todos los bautizados contamos con su ayuda para colaborar en la transmisión de la palabra de Dios de generación en generación, de padres a hijos, de hermano a hermano, de amigo a amigo... Así hasta el fin de los tiempos.

—Pero entonces... ¿los curas? —insistió Luis.

—Los curas tienen una misión especialísima como predicadores y, sobre todo, en la administración de los sacramentos. Pero los demás, que nos llamamos seglares, estamos llamados a ser apóstoles y a ayudar a los sacerdotes en la transmisión de la fe. Si seguimos leyendo este capítulo, veremos cómo vivían los primeros cristianos.

—¿Qué hacían? ¿Algo distinto a nosotros? —se extrañó Cuca.

—Sí, Cuca, la verdad es que vivían como una verdadera comunidad. Se mantenían firmes en la enseñanza de los apóstoles, compartían todos sus bienes, de modo que nadie pasaba necesidades, y todos colaboraban de un modo u otro, cada uno en lo que podía. Además, se reunían en el templo a rezar y a celebrar la eucaristía todos los días.

—¡Eso tenía que ser una «gozada»! —exclamó Cuca con los ojos muy abiertos.

—¿Os lo imagináis? —Pedro enarcó las cejas y sonrió a los niños—. Pues que sepáis que la ayuda del Espíritu Santo nunca nos va a faltar, así que, si queremos, nosotros podemos hacer que todo vuelva a ser así de maravilloso.

Luego se levantó de la silla y puso la palma de la mano hacia arriba en el centro del grupo. Entonces, todos los niños se pusieron de pie y chocaron sus manos con la del catequista uno por uno.

—En la Iglesia, uno para todos y... ¡todos para uno! —proclamó.

—¡Y ese «uno» es Jesús! —aplaudió Kiko, entre las risas entusiastas de sus compañeros.

CAPÍTULO 4

LA VIRGEN MARÍA

— Abuelo —anunció Cuca al entrar en la casa—, nuestro catequista nos ha pedido que esta quincena hagamos el trabajo sobre la Virgen.

—Me parece una idea estupenda —contestó Manuel—. María es el mejor modelo de santidad que tenemos. ¿Cuál es el tema del catecismo? —preguntó.

—«Escuchamos la palabra de Dios» —contestó Kiko.

—¡Ajá! —el abuelo asintió mientras subían la escalera— Nadie como María ha sabido escuchar mejor al Señor.

Manuel se acercó a la estantería y eligió el libro más valioso de todos, la Biblia, y la puso sobre la mesa. Mientras Cuca sacaba su cuaderno, Kiko se arrodilló sobre la silla e inclinándose sobre el libro comenzó a ojearlo.

HÁGASE EN MÍ SEGÚN TU PALABRA

—Abuelo, ¿tú te la has leído entera? Porque... ¡es larguísima!

Manuel sonrió antes de contestar:

—Pues lo cierto es que sí. Es verdad que es muy larga, pero es apasionante y contiene la Palabra de Dios.

—¿Cuánto tardaste en leerla, abuelo?

—¡No he terminado! Kiko, hijo, no se termina nunca —contestó Manuel divertido, y siguió explicando:

—La Biblia no se lee de un tirón como se hace con una novela, sino poquito a poco. Vosotros mismos, aunque no lo sepáis, ya vais conociendo los pasajes fundamentales.

—Ah, ¿sí? —los mellizos se miraron sorprendidos. Al abuelo le dio la risa al ver la cara que habían puesto y continuó:

—Todos los domingos, durante la celebración de la eucaristía se hacen «las lecturas», ¿no os habéis fijado?

—¿Te refieres a cuando una persona que no es el sacerdote sube y lee un libro y luego dice «palabra de Dios»? —Cuca se acordaba bien.

—Exactamente, Cuca, pero no lee un libro cualquiera, sino que lee «la Palabra de Dios», y suelen ser dos lecturas.

—Y después, el sacerdote lee el Evangelio, ¿verdad? —Kiko miró desafiante a su hermana, pues él se había expresado mejor.

—Eso es —afirmó Manuel.

—Pero, abuelo, una cosa... ¿Cómo es qué la Virgen escuchaba bien la Palabra de Dios, si en su época no había misa? —se extrañó Kiko.

—Claro, abuelo —intervino Cuca—. La misa la inventó Jesús, ¿no es así?

—¡Vaya! Veo que ya sabéis muchas cosas, eso me alegra muchísimo —exclamó Manuel, que siguió explicando:

—Es verdad que la Virgen de niña no iba a misa, pues no se celebraba entonces, sin embargo, es la persona que mejor ha sabido escuchar a Dios. Mira, Kiko, lee aquí, en Lucas 1,26-37.

Kiko leyó en silencio y luego explicó:

—El Señor Dios envió al ángel Gabriel a decirle a María, que era una joven que vivía en Nazaret, que iba a ser la madre de Dios. María al principio se turbó ante esas palabras, pues no entendía cómo iba a suceder aquello; entonces Gabriel se lo explicó y ella estuvo muy atenta a lo que el ángel le decía. Después contestó: «He aquí la esclava del Señor, hágase en mí según tu Palabra».

«Y MARÍA GUARDABA TODAS ESTAS COSAS EN SU CORAZÓN»

—¿Veis? —siguió el abuelo— María escuchó lo que Dios le tenía que decir y luego... ¡se dispuso a vivirlo!

—O sea, que nosotros tenemos que escuchar lo que dice la Biblia y vivir conforme a ello, ¿no? —Cuca empezaba a entenderlo.

—Sí, así es. Mirad, os cuento otros episodios de la vida de la Virgen dónde esto queda claro. Por ejemplo, cuando Jesús se perdió en el Templo, su Madre se llevó un disgusto enorme; sin embargo, su Hijo le explicó los motivos. Ella lo escuchó y «guardaba todas estas cosas en su corazón», es decir, meditaba sobre ello. También desde la cruz, cuando estaba muriendo, el Señor le dijo señalando a san Juan «Ahí tienes a tu hijo», y a pesar del terrible dolor que la embargaba, ella escuchó y entendió que desde ese momento sería la Madre de todos los hombres.

—Ya lo entiendo, abuelo —Kiko estaba muy pensativo—. Quieres decir que no es lo mismo oír que escuchar, ¿verdad?

—Y que las lecturas de la misa son para que hagamos como la Virgen, que las guardemos en nuestro corazón y las apliquemos a nuestra vida —terció Cuca.

El abuelo se levantó de la silla y levantando los brazos exclamó:

—¡Pero qué alegría! Veo que habéis estado muy atentos y que habéis aprendido un montón, y esto hay que celebrarlo, así que... ¡nos vamos a la churrería a merendar!

Y Cuca y Kiko, después de besar la Biblia, dieron un salto y bajaron corriendo las escaleras.

CAPÍTULO 5

SAN PEDRO

Nada más abrir la puerta, Kiko dio una noticia a su abuelo.

—Abuelo, Cuca dice que quiere ser «apóstola», pero yo le he dicho que no puede, ¿verdad que no?

—Se dice apóstol, Kiko —rió Manuel—, y yo creo que sí que puede. ¿Por qué piensas tú que no?

—Pues abuelo... porque una vez se avergonzó de ser cristiana, ¿no te acuerdas?

—¡Pero hombre, Kiko! Eso es agua pasada, Jesús se lo perdonó y tú no eres quién para echárselo en cara —el abuelo había fruncido el ceño en señal de disgusto e hizo pasar a los niños al interior de la casa.

—Eso le explicaba yo, abuelo, ¿verdad que Dios me perdonó y ya no se acuerda? —dijo Cuca.

—Puedes estar tranquila —le aseguró Manuel—. Y tú, listillo —se dirigió a su nieto—, ten más cuidado con lo que dices, no te vaya a pasar a ti algo parecido.

—¿A mí? —preguntó Kiko mientras tomaban asiento—. A mí en la vida me va a pasar algo así. Abuelo, que no te enteras que yo soy el mejor cristiano del mundo.

El abuelo, que estaba de pie junto a la estantería sacando un libro, se volvió muy despacio y miró a su nieto con tal cara de asombro que a los niños les dio la risa.

—¡Válgame el cielo! —exclamó— ¿Con que esas tenemos?

—Pues sí, es más, de mayor voy a ser... ¡el papa! ¡Lo tengo decidido! —anunció Kiko.

El abuelo movió la cabeza divertido de un lado a otro mientras se sentaba al lado de los niños y puso un libro sobre la mesa: el Nuevo Testamento.

—Pues mirad —les dijo abriendo el libro—, hablando de papas, vamos a leer lo que le ocurrió a san Pedro.

—¡Yo sé quién es! —dijo Cuca— San Pedro era de la pandilla de Jesús, uno de los doce apóstoles, ¿verdad?

—Así es —afirmó el abuelo—, y fue el primer papa de la Iglesia, a pesar de que... ¡negó al Señor tres veces!

—¡Tres veces! —exclamó Kiko—. Abuelo, ¿nos lo cuentas todo, por favor?

—Sí, vamos a leerlo. Lo primero que tenéis que saber es que Jesús llama a quien él quiere. Pedro y su hermano Andrés ya lo conocían, pero un día el Señor los invitó a seguirlos más de cerca.

—¿Cómo ocurrió? —Kiko buscaba entre las páginas del Evangelio.

—Pues estaban pescando junto al lago de Genesaret, cuando Jesús, pasando a su lado, les dijo que lo dejaran todo y se fueran tras él. Dice el Evangelio que dejándolo todo, inmediatamente lo siguieron.

—¿Y entonces lo nombró papa?

—Ten calma, vamos por partes. Lee ahí —señaló con el dedo un párrafo— y dinos qué pone.

Cuca cogió el libro de las manos de su hermano y leyó en silencio. Luego explicó:

—Fue en un sitio que se llamaba Cesaréa de Filipo, aquí dice que Jesús les preguntó a todos que quién creían que era él, y Pedro contestó: «Tú eres el Cristo, el Hijo de Dios vivo». Entonces Jesús le llamó «bienaventurado», le cambió el nombre de Simón al de Pedro y le explicó que le daba las llaves del Reino.

—¿Entonces fue cuando le negó? —Kiko estaba muy interesado en ese episodio.

—No, fue bastante después, justo en los momentos más duros en la vida de Jesús —continuó Manuel—. Cuando cogieron preso al Señor la noche de la última cena, Pedro fue tras él para ver lo que iba a ocurrir. Ocurrió que tres personas diferentes lo reconocieron como discípulo de Jesús, Pedro se asustó muchísimo y las tres veces dijo que ni siquiera lo conocía. ¡Incluso maldijo y juró en falso!

—¡Ahí va! —Cuca se llevó las manos a la cabeza—. Eso es peor que lo que hice yo.

—No juzgues, hija, que solo Dios sabe lo que hay en los corazones de las personas. Piensa que también su situación era terrible, tenía miedo… Procura siempre encontrar una justificación a lo que hacen los demás —le aconsejó el abuelo.

—¿Y qué pasó luego? Porque Jesús se llevaría un disgusto enorme, ¿no?

—Pues el Señor ya lo había avisado de que eso iba a ocurrir, de tal modo que cuando Pedro se dio cuenta, lloró amargamente y no volvió a verlo hasta que, después de resucitar, se les apareció a los apóstoles.

—Y claro, Jesús le echaría la bronca —dijo Kiko.

El abuelo sonrió antes de contestar.

—Eso lo hubieras hecho tú, Kiko, pero el Señor es misericordioso y supo que el arrepentimiento de Pedro era sincero. Lo que hizo fue preguntarle tres veces seguidas si lo quería.

—¿Tres veces? ¿Por qué tres?

—Una por cada negación. Las dos primeras, Pedro le dijo que sí, que lo quería muchísimo, y la tercera le contestó muy triste: «Señor, tú lo sabes todo, tú sabes que te quiero». Entonces Jesús le pidió que «apacentara sus ovejas», es decir, que cuidara de su Iglesia. A partir de aquel momento, Pedro vivió solo para su Señor y nunca lo falló. Murió en Roma, crucificado como Jesús, y como dijo que no era digno de morir como su maestro... ¡pusieron su cruz boca abajo!

—Y llegó al cielo y allí le dio a su amigo Jesús el abrazo más grande del mundo, ¿verdad?

—Sí, chicos, así es —el abuelo sonrió al decirlo—. ¡Un abrazo para toda la eternidad! Y como el Señor quiere recibir ese abrazo de todos nosotros, nos dejó el sacramento de la confesión, de modo que si alguna vez nos alejamos de él le podamos pedir perdón y volver a gozar de su amistad.

CAPÍTULO 6

MÁRTIRES DE ABITINIA

El abuelo oía a sus nietos discutir y al abrir la puerta de la buhardilla ambos se levantaron hablando a la vez.

—¡Orden, orden! Primero uno y luego el otro —les dijo—. ¿De qué estáis discutiendo?

—Abuelo, Kiko dice que todos los días se celebra la eucaristía en muchas iglesias, y que por lo tanto da igual ir cualquier día de la semana, que no hace falta que sea domingo.

—Claro, abuelo, la misa es igual siempre, ¿no? Por eso tú vas todos los días.

El abuelo indicó a los niños que se sentaran, eligió un libro y acercándose a la mesa se sentó entre los dos.

—A ver —empezó a decir—, es verdad que se celebra la eucaristía a diario en muchas iglesias y a muchas horas, pero el día en que debemos asistir a misa es el domingo, en eso lleva razón Cuca, y no da igual un día que otro.

—¿Lo ves? —Cuca miró con aire de victoria a su hermano, quien le respondió poniéndose bizco.

—Pero, ¿por qué? —preguntó.

El abuelo le contestó con otra pregunta:

—¿Recordáis qué día de la semana resucitó Jesús?

—Sí, el domingo, al amanecer —contestaron a la vez.

—¡Exacto! —continuó el abuelo— Por eso la Iglesia determinó desde los primeros tiempos que el domingo sería un día muy especial, dedicado al descanso, a reunirnos en familia, pero sobre todo ¡dedicado al Señor! Y el mejor modo de vivirlo es que la gran familia que formamos los bautizados nos reunamos en torno al altar para celebrar la eucaristía.

—¿Y eso es así desde los tiempos de los primeros cristianos? —quiso saber Kiko.

—¡Ya lo creo! —continuó el abuelo— Además, lo vivían con un amor tan grande que decían que sin el domingo no podían vivir.

El abuelo se puso las gafas de leer y señaló con el dedo la página que tenía preparada:

«En el año 304 el emperador Diocleciano,
perseguidor de los cristianos, prohibió que estos
celebraran la eucaristía dominical. Sin embargo,
una gran mayoría lo seguía haciendo, pues sabían
que hay que obedecer a Dios antes que a los hombres
y además no podían renunciar a la celebración del
sacrificio del Señor».

—¿Diocleciano era romano, abuelo?

—Sí, pero como ya sabéis, en esta época Roma era un imperio que dominaba gran parte del mundo, y esta historia ocurrió en

Abitinia, que era una ciudad de África. Diocleciano quiso acabar con los cristianos, por eso, además de prohibir la celebración de la misa quiso destruir los textos sagrados, los templos...

—Pero no pudo, ¿verdad? —interrumpió Cuca.

—No, claro que no —el abuelo se quitó un momento las gafas, se frotó los ojos y siguió explicando—. El Espíritu Santo protege a su Iglesia y nunca nada ni nadie acabará con ella —sonrió y pasándole el libro a Cuca le dijo:

—Cuca, hija, sigue leyendo tú.

«En Abitinia había una pequeña comunidad formada por 49 cristianos: hombres, mujeres y niños que, contraviniendo las órdenes del emperador se reunían semanalmente en casa de uno de ellos para celebrar la eucaristía dominical. Decían "que no podían vivir sin celebrar el día del Señor". Por este motivo fueron apresados y los condujeron a Cartago, una ciudad dónde fueron torturados, pero ellos se mantuvieron firmes y no renegaron de su fe».

—¡Qué valientes! El Espíritu Santo los ayudaba, ¿verdad abuelo? —exclamó Cuca levantando la vista del libro.

—Sí, eso es. Fijaos, les ofrecieron dejarlos libres si renunciaban a la misa, pero uno de ellos, llamado Félix, contestó: «un cristiano no puede vivir sin celebrar los misterios del Señor y los misterios del Señor no se celebran sin cristianos. El cristiano vive de la celebración de la liturgia».

—¿Y los mataron? —Kiko lo dio por hecho.

—Sí, a todos. Incluso a un niño de cuatro años, Hilarión, que aun siendo tan pequeño se mantuvo firme en la fe.

Los mellizos se quedaron muy callados mirando al abuelo, que les preguntó:

—¿Os dais cuenta ahora de la importancia de la misa del domingo?

Kiko y Cuca asintieron a la vez, pero Kiko tenía aún otra pregunta:

—Abuelo, pero hay una cosa que sigo sin entender: si el día del Señor es el domingo, ¿por qué tú vas a misa todos los días?

Manuel entornó los ojos, sonrió y preguntó a su vez:

—¿Cuántas veces a la semana venís vosotros a verme a mí?

—Los domingos a comer, los martes a leer historias, los lunes a darte el beso, los miércoles a ver cómo estás, los jueves... —los niños iban contando los días con los dedos de la mano—. ¡La verdad es que todos los días! —resumió Cuca.

El abuelo dio una palmada en el aire y los miró con alegría.

—Y... ¿por qué? —les preguntó.

—¡Qué cosas preguntas, abuelo! Pues... ¡porque te queremos muchísimo y no podemos vivir sin ti! —Kiko se puso colorado hasta las cejas mientras Cuca se levantaba para abrazar a su abuelo.

Y Manuel, cogiendo las cabezas de los dos niños las estrechó contra su corazón, les puso un beso a cada uno en la coronilla y muy emocionado les susurró:

—Esa es la cuestión, tesoros, el Amor. El Amor y por Amor —repitió.

CAPÍTULO 7

SAN FRANCISCO DE ASÍS

Cuca y Kiko estaban castigados sin salir, pues habían tenido una pelea de las grandes: Cuca no quería dejarle a su hermano su raqueta y le echaba en cara que el día anterior él no le había prestado los patines. El abuelo, que no quería que se quedaran sin leer la historia del santo de esa quincena, decidió llevarlos el libro a casa junto a un pequeño regalo.

Kiko miró con curiosidad las cosas que traía el abuelo, y mientras Cuca lloriqueaba le preguntó:

—¿Qué traes, abuelo?

—Pues mira, dos cosas: el libro sobre san Francisco de Asís que os toca esta semana y además os traía de regalo unas figuras para completar el belén, pero ahora creo que como son «míííiaaassss» —dijo poniendo mucho énfasis—. Me las llevo de vuelta a «miiii» casa.

Los mellizos se sintieron avergonzados y con la cabeza gacha entraron en el salón.

—Abuelo, perdón... —dijo Cuca con un hilo de voz.

—Abuelo, lo siento —añadió Kiko.

Y el abuelo, que no era capaz de estar mucho tiempo enfadado, les dio un beso a cada uno y con una ilusión enorme, abrió el paquete y sacó las nuevas adquisiciones: un labrador y una molinera. Los colocaron junto al río de papel de plata.

—Abuelo —Cuca cambió a unos de los pastores de posición—. ¿De dónde viene la costumbre de poner el Belén?

El abuelo levantó la mano en la que aún llevaba el libro y se lo mostró a los niños.

—De san Francisco, hija, justo del santo que vais a conocer hoy. Vamos a sentarnos y lo leemos, ¿os parece?

Los tres tomaron asiento en torno a la mesa y como siempre, lo primero que hicieron fue mirar las ilustraciones. Entonces Kiko preguntó:

—Pero, abuelo, ¿se hizo santo por «inventar» el belén?

Manuel rió de buena gana.

—No, Kiko, no seas impaciente. La idea del belén surgió cuando, en el año 1223, Francisco fue a Tierra Santa, es decir, al país donde vivió Nuestro Señor. Después de rezar en la gruta donde nació Jesús, quedó muy impresionado, y a su vuelta, en un pueblo llamado Greccio, se le ocurrió hacer una representación con gentes del pueblo.

—¿Cómo si fuera un teatro? —a Cuca le encantaba participar en los que hacían en el colegio.

—Exacto, como un pequeño teatro. Personas de verdad hicieron los papeles de la Sagrada Familia, incluido un bebé, que hizo de Jesús, y también fue él quien introdujo la costumbre de poner una mula y un buey, pues le gustaban muchísimo los animales. Luego, todos juntos rezaron y cantaron y Francisco comenzó a predicar allí mismo sobre los muchos bienes que nos ha traído Jesús con su venida al mundo.

Francisco pensó también que la representación del belén ayudaría a los habitantes de Greccio a entender mejor los 10 Mandamientos y el camino del Amor a Dios y al prójimo que nos enseñó Jesús.

—Pero... ¿Por qué fue a Tierra Santa, de dónde era, por qué predicaba? —los niños estaban interesadísimos.

El abuelo comenzó a leer:

«San Francisco nació en Asís, una localidad italiana, en el año 1182. Era hijo de un rico comerciante y los primeros años de su juventud se dedicó a divertirse, pues disponía de todo el dinero y de todos los bienes que podía desear. No le interesaban ni los negocios de su padre, ni los estudios y solo pensaba en entretenerse y pasarlo bien. Sin embargo, tenía una gran virtud, y es que era muy generoso con los pobres que pedían limosna por amor de Dios».

—Es decir, no decía: «esto es mío, mío» —el abuelo miró con intención a los niños, que se pusieron colorados como tomates.

«Cuando tenía 20 años, estalló la guerra. Estuvo prisionero, luego enfermo y después decidió alistarse en el ejército, para lo que se compró el uniforme más caro y bonito que encontró. Pero un día, mientras se paseaba presumiendo, vio a un hombre vestido con unos harapos, y conmovido, se cambió la ropa con él. A partir de aquel acto de generosidad, Francisco comenzó a cambiar de tal manera que decidió consagrar su vida a Dios, viviendo y predicando el amor a la pobreza y el servicio a los más necesitados».

—Niños —concluyó el abuelo—, Francisco lo tenía todo, y a todo renunció por amor a Dios y a los hombres. El desprendimiento, la generosidad, es una de las más preciosas virtudes...

En ese momento, Cuca se levantó de la silla y cogiendo la raqueta que su madre le había quitado, la puso sobre las manos de su hermano sin decir nada. Entonces Kiko, que estaba muy callado, salió de la habitación y volvió un momento después con los patines, los limpió con la manga del jersey y dándoselos a su hermana solo dijo:

—Para ti.

Luego, Cuca y Kiko se pusieron a colocar las figuritas que el abuelo les había llevado para completar el belén. Y el abuelo se fue a su casa con el libro bajo el brazo pensando que los niños de hoy son como los de antes si una historia real les toca el corazón.

CAPÍTULO 8

SAN MARTÍN DE PORRES

Kiko y Cuca tenían la gripe y el abuelo se acercó a su casa para pasar la tarde con ellos.

—¡Menos mal que has venido! —se quejó mamá al verlo entrar—. ¡Estoy que no puedo más! Mi marido está fuera, Carmen y Javi en el instituto, yo he tenido que pedir permiso en la oficina, la casa entera sin barrer y estos dos no paran de moquear y de vomitar... ¡Y encima pretenden que yo saque al perro!

—¡Está «histórica»! —murmuró Kiko muy bajito cuando su madre salió de la habitación.

—Histó... ¡ja,ja,ja! —rió el abuelo con ganas, dándose una palmada en las piernas—. Kiko, hijo, querrás decir histérica.

—Bueno, pues eso... ¡a... atchís! —sacó un pañuelo del bolsillo de su bata y se limpió la nariz.

—Siempre confunde las palabras —se rió Cuca mientras tosía.

—¡Shhhh! —el abuelo los mandó callar poniéndose un dedo sobre los labios.

—¿Qué cuchicheáis? —preguntó mamá entrando de nuevo en la habitación poniendo los brazos en jarras.

Kiko se removió inquieto bajo la manta y dijo:

—¿Me puedes traer un poco más de zumo?

—Mamá, Brinco está muy nervioso, se lo va a hacer en casa si no lo sacas —intervino Cuca.

—Pero bueno, ¿qué os habéis creído? «Mamá esto, mamá lo otro...».

El abuelo la miró muy serio y ésta continuó:

—No me mires así, ¿qué pasa? —y luego les dijo a todos— ¿Qué os creéis, que tengo que ser el médico, la cocinera, camarera, limpiadora, y ahora, además, paseadora de perros?

Manuel y los niños intercambiaron una rápida mirada.

—¡A ver, a ver...! Ten calma, hija, he venido a echarte una mano. Mira, ve leyendo tú el libro que les he traído a los niños y mientras yo voy a la cocina y exprimo unas naranjas.

—San Martín de Porres —leyó mamá en la portada—. Recuerdo haberlo leído cuando era pequeña —murmuró.

—¡Anda, mira! —Cuca señaló el dibujo de la primera página—. ¡Era de otra raza!

Desde la cocina llegó la voz del abuelo:

—Cuca, sólo hay una raza: la raza de los hijos de Dios. San Martín era mulato, hijo de un hidalgo español y de una esclava africana.

—¿Es de la época en que había esclavos? —Kiko volvió a estornudar.

—Nació en el año 1579 —leyó mamá—. En Lima, que es la capital de Perú. —Mamá se levantó de la silla y se sentó entre sus dos hijos. El abuelo entró en ese momento con los zumos y les dio un vaso a cada niño y otro a su hija, que lo miró agradecida.

—Sigo leyendo —dijo después de dar un trago a su vaso.

«Aprendió el oficio de barbero, que incluía el de cirujano y la medicina general, y lo cumplía bien, sobre todo en favor de los pobres. Era tal su bondad y alegría que conmovía a todos. Por el día trabajaba. Por la noche se dedicaba a la oración».

—¿Era un doctor? —interrumpió Cuca.

—Bueno, no exactamente —le aclaró su madre—. En esta época la medicina no era como ahora y no tenía el reconocimiento social ni el sueldo de un médico de hoy en día.

«A los quince años entró en el convento del Rosario de Lima. Durante mucho tiempo su trabajo consistió en hacer de portero, barría y fregaba el convento; también ayudaba en la cocina. Además, recogía enfermos y heridos por las calles, los cargaba sobre sus hombros y los acostaba en su propia cama. Su caridad se extendía a los pobres animalitos que encontraba hambrientos y heridos».

Mamá interrumpió la lectura y miró a Brinco, que no paraba de dar vueltas por la habitación y había comenzado a gimotear.

—¿De dónde sacaba tanta fuerza, mamá? ¡Llegaba a todo! —se admiró Cuca.

—De la Eucaristía, hija, del trato frecuente con Jesús en el sagrario. Aquí dice que se pasaba horas adorando al Señor y que comulgaba con la máxima frecuencia que le era posible.

Un día, en el convento se produjo un grave aprieto económico, y el prior tuvo que salir con algunos objetos de culto para tratar de conseguir algún préstamo. Al enterarse, Martín corrió a alcanzarle para evitarlo. Él sabía que los negros vendidos como esclavos eran bien pagados, por lo que pensó con humildad en otra solución:

—Padre, yo pertenezco al convento. Disponga de mí y véndame como esclavo, que algo querrán pagar por este perro mulato y yo quedaré muy contento de haber podido servir para algo a mis hermanos.

Al prior se le saltaron las lágrimas:

—Dios se lo pague, hermano Martín, pero el mismo Señor que lo ha traído aquí se encargará de remediarlo todo.

—¡Madre mía —exclamaron los mellizos a la vez poniendo los ojos como platos—. ¡Estaba dispuesto a venderse a sí mismo con tal de ayudar a los demás!

Entonces mamá, dejando el libro sobre la mesa, se levantó del sofá, llamó a Brinco y mientras lo acariciaba detrás de las orejas anunció que se iba a dar un paseo con él.

—Me vendrá bien a mí también dar una vuelta, necesito oxigenarme un poco y pensar en lo que acabamos de leer —les explicó.

El abuelo ocupó el sitio que su hija había dejado entre sus nietos, se puso cómodo y exclamó:

—Bueno, creo que vuestra madre se ha tranquilizado un poco. Ya no está «histórica».

CAPÍTULO 9

SAN PABLO MIKI
Y COMPAÑEROS MÁRTIRES

Los mellizos estaban contemplando el crucifijo que el abuelo tenía colgado en la pared de la buhardilla.

—¿Qué miráis tan atentos? —les preguntó Manuel al entrar en la habitación.

—Abuelo, tienes un crucifijo en cada habitación de la casa. ¿Por qué? —quiso saber Cuca.

—Pues porque me gusta, me ayuda a recordar continuamente cuánto me ama el Señor.

Manuel descolgó el crucifijo y lo puso sobre la mesa. Besó los pies de la imagen y sus nietos lo imitaron.

—Amad la cruz, niños —les dijo—. Amadla con todas vuestras fuerzas y no os canséis nunca de dar gracias a Jesús por su entrega.

—Abuelo, ese es el tema que nos toca esta quincena —dijo Kiko—, pero no sé cómo podemos dar gracias a Dios.

—Eso, abuelo —terció su hermana— ¡ni aun viviendo mil años nos daría tiempo a agradecérselo bastante!

—¡Vaya!, me da mucha alegría que lo veáis así, porque es cierto. Pero si de verdad queréis corresponder al amor de Cristo… ¡id a misa!

—¡Jo!, pues parece que la misa vale para todo, ¿no? Durante su celebración se consagra, escuchamos la palabra, alabamos a Dios —Kiko iba contando con los dedos— ¡y también damos gracias!

—¡Es que es así! —el abuelo afirmó con la cabeza y siguió explicando—. La misa es la oración más perfecta y tiene un valor infinito. La palabra eucaristía significa precisamente «acción de gracias», damos gracias al Padre por el don de su Hijo y luego… Jesús, por la acción del Espíritu Santo, ¡se hace presente en el pan y el vino! ¿Puede haber un amor más grande?

Los mellizos escuchaban en silencio a su abuelo, que se acababa de levantar y volvía a la mesa con un libro entre las manos mientras les decía:

—Algunos santos han tenido la misma muerte que el Señor y, aunque cuesta entenderlo, eso es un grandísimo honor.

—«San Pablo Miki y compañeros mártires» —leyó Cuca. Y después de mirar la portada, dijo—. Parecen orientales.

—Es que lo eran; japoneses la mayoría —puntualizó Manuel.

—¿De qué época, abuelo?

—Del año 1597, poco después de que san Francisco Javier llegara a Japón para evangelizar en aquellas tierras.

—¿Lo leo yo? —preguntó Kiko quien, sin esperar respuesta ya había cogido el libro y empezó a leer— En el año 1597 ya había varios miles los cristianos en Japón. Entonces llegó al gobierno un emperador sumamente cruel y perverso, el cual ordenó que todos los misioneros católicos deberían abandonar Japón en el término de seis meses.

—Y como si lo viera: no le hicieron ni caso, ¿verdad? —interrumpió Cuca.

Al abuelo le dio la risa, pero argumentó:

—Como debe ser, Cuca, como debe ser... Continua, Kiko —indicó.

—Los misioneros, en vez de huir, permanecieron escondidos para poder seguir ayudando a los cristianos, pero fueron descubiertos y martirizados brutalmente. Primero, les cortaron una oreja y los exhibieron por varios pueblos para que los que los vieran renegaran de su fe. Más tarde, al llegar a una ciudad llamada Nagasaki, los crucificaron, los ataron a las cruces con cuerdas y cadenas, una argolla en el cuello y los dejaron allí hasta que murieron.

—¿Eran todos sacerdotes, abuelo? —Kiko levantó la vista del libro.

—¡No, no, que va! Tampoco eran todos japoneses. Uno era mexicano, otro indio... Había varios laicos y tres de ellos eran niños de solo trece años. Pero termina de leer, hijo, que ahora viene una cosa preciosa.

—Cuando estaba muriendo en la cruz, san Pablo Miki predicó diciendo: «Les declaro que el mejor camino para conseguir la salvación es pertenecer a la religión cristiana, ser católico».

—¡Qué escalofrío, abuelo! —exclamó Cuca frotándose los brazos.

—¿Qué os parece? —el abuelo cerró el libro y miró a sus nietos con los ojos entrecerrados.

—¡Pues qué nos va a parecer! —gritó Kiko poniéndose de pie—. ¡Que los verdugos eran unos pedazos de brutos, y de salvajes, y de... de... ¡animales!

—¡Eh, eh, calma, mucha-cho! —el abuelo le cogió y le hizo sentarse de nue-vo—. Pensad que, como han hecho todos los már-tires imitando a Jesús, ellos rogaron a Dios para que perdonara a sus ver-dugos. Además, ahora son muy felices porque están...

—¡En el cielo! —exclama-ron los mellizos a la vez.

—Y para celebrarlo, hoy os tengo una sorpresa especial —conti-nuó Manuel. Se levantó de la silla y se acercó a la estantería, de donde cogió dos pequeñas cajitas y dio una a cada niño.

—¿Qué son, abuelo? —preguntó Cuca mientras Kiko abría la suya a toda velocidad.

—¡Una cruz de oro! —Kiko saltó de la silla y corrió a abrazar a Manuel, mientras Cuca terminaba de desenvolver la suya.

El abuelo rió la alegría de los niños y les explicó:

—Es el regalo que os tenía comprado para el día de vuestra pri-mera comunión, pero... ¿por qué vamos a esperar?

-¡Gracias, abuelo! —los mellizos se ayudaron el uno al otro a ponérselas alrededor del cuello.

—¿Sabes qué? —dijo Cuca acariciando su cruz— Que siempre que la veamos nos vamos a acordar de ti.

Pero el abuelo, riendo de buena gana les dijo:

—Y yo me alegraré mucho, pero lo que me hará feliz de verdad es que... ¡os acordéis de Jesús!

CAPÍTULO 10

LAURA VICUÑA

Cuca y Kiko llegaron a casa del abuelo con una novedad: el párroco les había dado unas hojas con preguntas para ayudarlos a hacer el examen de conciencia.

—Así es muy fácil, abuelo, vas leyendo las preguntas y te paras a pensar lo que has hecho respecto a ese tema.

—Y don Alejandro dice que si lo hacemos delante del sagrario es mejor, y que le pidamos ayuda a nuestro ángel de la guarda para que nos ayude a ser sinceros —explicó Kiko.

—Eso, y después vamos al confesonario, le decimos los pecados al sacerdote y él nos los perdona en nombre de Jesús —Cuca hizo la señal de la cruz en el aire.

—Pero hay que estar arrepentidos y hacer propósito de no volver a pecar, si no, no vale, ¿verdad?

—Eso es —afirmó Manuel—, y ya os habrán explicado también que después debéis cumplir la penitencia que el confesor os imponga.

—Sí, el catequista, nos ha dicho que casi siempre ponen una penitencia pequeñita y que es de ser muy buenos que luego recemos también por el sacerdote que nos ha confesado.

—Pero, abuelo... ¿sabes qué?, que en nuestro grupo hay un niño que dice que él no se va a confesar porque piensa que no tiene ningún pecado.

—¡Ah, vaya! —el abuelo hizo un gesto de disgusto—. Pues eso no es así de ningún modo, todos tenemos pecados y aunque sean pequeños debemos confesarlos, para que Jesús se encuentre nuestra alma lo más limpia posible.

—Ya, si nosotros lo sabemos, pero... ¿cómo podemos convencerlo?

—Pues debéis hablar con él. Pero antes es necesario que recéis, pidiéndole a Dios que lo ayude a ver la necesidad de la confesión.

—Abuelo, ya hemos hecho eso, pero sigue igual, ¡no nos hace nica-so! —dijo Cuca con mucho énfasis.

El abuelo los miró con una gran sonrisa, se inclinó hacia sus nietos y preguntó:

—¿Y habéis hecho un sacrificio por él?

Los mellizos negaron con la cabeza. La verdad es que a ninguno se les había ocurrido que haciendo una pequeña mortificación podían ayudar a su compañero.

—Vamos a leer la vida de una niña excepcional —les anunció el abuelo—. Se llamaba Laura Vicuña y con su vida nos dio una lección acerca de lo que es el amor a los demás.

—Pues... ¿qué hizo? —Kiko cogió de la estantería el libro que su abuelo le indicaba y lo puso abierto sobre la mesa.

—Laura ofreció a Dios su vida por la conversión de su madre —explicó el abuelo.

—¡Su vida! —exclamó Cuca abriendo mucho los ojos— Pero abuelo, vida... ¡solo tenemos una!

—¿Y cuántas vidas tuvo Jesús? —preguntó el abuelo, que siguió explicando—: solo una, y la entregó por todos nosotros, ¿no?

Mira, Kiko, lee ahí lo que ocurrió con nuestra santa de hoy —señaló la página del libro.

«Laura Vicuña nació en 1891 en Chile. Vivió tranquila hasta que tuvieron que emigrar a Argentina por cuestiones políticas, pero entonces murió su padre y su madre se quedó en la indigencia con ella y con otra hermana».

—¿Qué es indigencia, abuelo? —preguntó Cuca.

—Quiere decir que se quedaron en la más absoluta de las pobrezas, que no tenían de qué vivir. Entonces su madre se puso a servir a un señor rico que se llamaba Manuel Mora, pero lo malo es que empezó a vivir con él como si fueran un matrimonio, pero sin estar casados.

—Y eso es pecado, ¿verdad?

—Claro que lo es. Pero mirad, sigue leyendo...

«En 1900 Laura es internada en un colegio de las hermanas salesianas, donde conoció muy bien a nuestro Señor Jesucristo. Muy pronto destacó por su devoción al Señor y empezó a soñar con ser religiosa».

—O sea, que quería ser monja, ¿verdad?

—Exacto —afirmó Manuel—, pero Dios tenía otros planes. No seas impaciente y sigue leyendo.

«Laura aprendió que a Dios le disgustaba muchísimo que las personas convivieran como si estuvieran casadas cuando no era así, entonces se dio cuenta de que su madre vivía en pecado grave. En lugar de enfadarse con ella, decidió entregar a Dios su vida a cambio de la conversión de su madre, y así se lo dijo a su confesor».

—Y Dios, ¿aceptó el sacrificio de Laura? —Kiko se levantó de la silla y se inclinó sobre el libro buscando la respuesta.

—¿Tú qué crees? —preguntó el abuelo a su vez—. Sigue leyendo.

«Un día, Laura enfermó gravemente. Su madre se la llevó a casa para cuidarla, y la niña le dijo que había ofrecido su vida a Dios por su conversión. La madre, llorando, le prometió que iba a cambiar de vida y a dejar a ese hombre. Laura le había dicho a Dios que quería sufrir lo que a él le pareciera bien, pero que, por favor, su madre se salvara. Y Dios la escuchó. El 22 de enero de 1904 Laura entregó su alma a Dios serena y alegre. Ahora está en el cielo, para siempre».

—¿Os dais cuenta del valor del sacrificio? —preguntó el abuelo.

Cuca y Kiko se quedaron muy callados. Kiko, con los ojos llorosos, acertó a decir:

—Claro, por una madre... ¡cualquier cosa es poco!

—¡Por cualquier alma! —dijo el abuelo.

Pero Cuca, con mucha picardía, se levantó de la silla y abrazando a su abuelo puso una cara muy graciosa y exclamó:

—¡Y por un abuelo, qué no haría yo por mi abuelito del alma!

Y los tres se echaron a reír, felices por quererse tanto.

CAPÍTULO 11

SANTO DOMINGO SAVIO

Cuando Cuca y Kiko llegaron a la buhardilla se la encontraron cerrada. Kiko empuñó el picaporte, lo deslizó hacia abajo y la puerta se abrió con un leve chirrido. Encontraron la habitación en penumbra, apenas un rayo de luz se filtraba por las rendijas de las persianas y emanaba su característico olor a libros y madera. Cuca entró delante de su hermano y entonces hizo algo sorprendente: se sujetó al marco de la puerta y con mucho cuidado dobló la rodilla derecha hasta tocar el suelo con ella. Su hermano se quedó mirándola con los ojos y la boca muy abiertos y al momento estalló en una fuerte carcajada.

—¡Pero qué haces, Cuca!, ¿estás tonta o qué? —preguntó sin parar de reír poniéndose las manos en los costados.

Su hermana se había puesto colorada y lo miraba desde el fondo de la habitación muy enfadada.

—Tonto lo serás tú, que me he equivocado, ¿vale?

En ese momento entró el abuelo atraído por la risa de Kiko y con expresión divertida preguntó:

—Pero bueno, ¿qué está pasando aquí?

—Abuelo —dijo Kiko sin parar de reír—, que cuando hemos entrado, Cuca ha hecho una «super-flexión».

—¿Una...? ja, ja, ja, ja —ahora fue el abuelo quien, acompañado de Cuca, soltó una enorme carcajada.

—Hijo, Kiko, querrás decir una genuflexión —aclaró.

—Sí... eso —refunfuñó.

Manuel logró parar de reír y dijo a sus nietos:

—A ver, repetid conmigo: Ge-nu-fle-xión.

Los mellizos silabearon la palabra despacio hasta que la dijeron bien.

—Abuelo, ¿por qué hacemos eso delante del Santísimo? —preguntó Kiko.

—Es un gesto de adoración; expresa que creemos que Jesús está presente en la Eucaristía y que lo reconocemos como nuestro Dios y Señor. Y tú, Cuca... ¿por qué lo has hecho?

—No lo sé, ha sido sin querer. La habitación estaba tan tranquila, olía a madera, había poquita luz y por un momento me he confundido, como si fuera la capilla del Santísimo, creo —se justificó.

—Mmmmm —el abuelo recorrió la estancia con la vista—. Para ser la capilla del Santísimo falta lo más fundamental, ¿no os parece?

—¡Claro, abuelo! —dijeron los niños a la vez. Falta... ¡el Señor!

—Abuelo, es que creo que estoy un poco dormida, anoche me quedé hasta tarde leyendo el libro que nos dejaste, la historia de santo Domingo Savio. Es tan bonita que no pude dejarla hasta que la terminé.

—Me alegro de que te gustara, os la llevé a casa para ir adelantando —explicó el abuelo—, pero ya veo que te ha cundido, Cuca.

¿Nos la quieres resumir?

—Sí, me acuerdo muy bien de todo. Resulta que santo Domingo Savio era un niño italiano que ya desde pequeño soñaba con ser sacerdote.

—De mediados del siglo diecinueve —apuntó Kiko para hacer ver que él también lo había leído.

Cuca continuó con el relato:

—Era monaguillo y le encantaba ayudar en misa. Algunas veces, si llegaba antes de que la iglesia estuviera abierta, se quedaba fuera de rodillas adorando a Jesús en la Eucaristía.

—¡Como tú, que le quieres adorar desde la biblioteca! —bromeó Kiko.

Manuel decidió intervenir antes de que los niños se enzarzaran en una discusión:

—Lo de tu hermana ha sido un despiste, deja ya de chincharla. Sin embargo, santo Domingo sabía perfectamente que el Señor estaba dentro del templo, esperándolo en el interior del sagrario.

—¿Esperándolo a él? —se asombró Cuca.

—¡Claro! A él y a todos. Jesús está deseando que nos acerquemos a visitarlo, nos espera cada día con un amor enorme. Pero sigue contando la historia, haz el favor.

—El día de su primera comunión hizo un propósito: «antes morir que pecar». Unos años después conoció a san Juan Bosco y le pidió que lo admitiera en su colegio para niños pobres. Santo Domingo ayudó muchísimo a don Bosco en la evangelización de sus compañeros y pronto se dio a conocer por poner paz y alegría entre ellos, pero lo que más destacaba de él era su amor a la Eucaristía. Todos los días iba a visitar a Jesús en el sagrario; por nada en el mundo dejaba de ir a misa a diario y después de comulgar se quedaba mucho rato hablando con el Señor.

—Y una vez —interrumpió Kiko—, se olvidó de ir a desayunar y luego de ir a comer. Todos los compañeros se pusieron a buscarlo y al final lo encontraron delante del Santísimo, tan lleno de amor que no se había dado cuenta del tiempo que había transcurrido.

—Es cierto, era tal su amor por la Eucaristía que no quería separarse del sagrario. Murió muy joven, poco antes de cumplir los quince años y el médico dijo que... había muerto de amor por Dios —aclaró Manuel.

Los mellizos se quedaron pensativos unos minutos, hasta que Kiko dijo:

—Ya estoy deseando comulgar, creo que va a ser maravilloso.

—¡Y yo! —cuca asintió al tiempo que hablaba— Pero mientras tanto, podemos hacer todas las visitas al Santísimo que queramos, ¿verdad, abuelo?

—¡Ya lo creo! —exclamó Manuel— Y no os olvidéis cuando entréis en la capilla de hacer muy bien hecha la... ¡ge-nu-fle-xión!

Y los tres estallaron en una alegre carcajada.

CAPÍTULO 12

SANTA TERESITA DE JESÚS

—— ¡Abueloooo! —Kiko entró corriendo en la casa seguido de su hermana Cuca—. ¡Ya estamos aquí!

—¡Estoy arriba, en la buhardilla! —gritó el abuelo para que sus nietos lo pudieran oír— ¡Subid!

Cuando los niños entraron en la habitación vieron que Manuel tenía varios libros abiertos sobre la mesa y que estaba tomando notas en un cuaderno, mientras tatareaba una cancioncilla infantil.

—¿Qué haces, abuelo? —le preguntó Cuca mientras le daba un beso.

—Estoy adelantando trabajo —contestó Manuel—. Hoy veremos a santa Teresita del Niño Jesús.

Cuca paseó la mirada por encima de la mesa y se dio cuenta de que el abuelo había trabajado mucho. Entonces se colocó detrás de él y rodeándole el cuello con los brazos, lo empezó a dar besos mientras decía:

—¡Ay! «Abu» guapo y buenísimo, que eres el «Abu» más maravilloso del mundo, gracias por ayudarnos tanto.

Manuel cogió las manos de la niña riéndose y puso un beso en cada una mientras contestaba:

—No seas zalamera, Cuca, no es necesario. Ya os he dicho que me encanta ayudaros en este trabajo.

—¿«Abu»?, Oh, oh, oh... «Abu» —se burló Kiko de su hermana — vaya una niñita que estás hecha.

—¿Por qué te metes con tu hermana? —el abuelo miró a Kiko ceñudo.

—Porque es una niñata, abuelo... ¡Que ya tenemos nueve años!, no se puede hablar, así como si fuéramos niños pequeños. Como la santa que has elegido, abuelo, ¿por qué la llaman «Teresita» en lugar de Teresa?

—Precisamente por eso, hijo, por hacerse como una niña peque-ña. A ella le gustaba que la llamaran así, quería ser pequeña y sentirse una niña delante de Dios.

—¿Pequeña delante de Dios? —Cuca y Kiko intercambiaron una breve mirada. No entendían nada, y el abuelo, que los conocía bien, se dio cuenta y sin necesidad de que los niños le pregun-taran de nuevo, continuó.

—Escuchadme, cuando Jesús habló del bautismo nos explicó que era necesario nacer de nuevo, nacer de agua y espíritu, renova-dos, como un niño recién nacido. Las personas somos muy dadas a complicarnos la vida, y por eso el Señor nos aconseja que nos hagamos como niños y que confiemos plenamente en él como un niño muy pequeño confía en su padre. Esto se llama «infancia espiritual».

—¿Y eso fue lo que hizo santa Teresita, abuelo? —Cuca le sacó la lengua a su hermano, pensando que ganaba terreno.

—Sí, eso es. Santa Teresita supo muy pronto que su vocación iba a consistir en sentirse siempre «como un niño pequeño en los brazos de Dios». Un niño pequeño se encuentra siempre seguro con su padre, con su madre, ¿verdad? Pues bien, en santa Teresita, ese amor y abandono en Dios se manifestó sobre todo en su devoción a la Sagrada Eucaristía. El día de su primera comunión fue decisivo en su camino de «infancia espiritual». Recordando ese maravilloso día Teresita escribió:

> «¡Qué dulce fue el primer beso de Jesús a mi alma...! Me sentí muy amada y le dije a Jesús: "Te amo y me entrego a ti para siempre"».

Teresita siempre sintió un gran amor hacia Jesús Sacramentado. Un amor sencillo, profundo y audaz.

—¿Y dónde aprendió esas cosas? —preguntó Cuca mientras buscaba la respuesta en el libro.

—¡En su casa, Cuca, en su casa! Y de boca de sus padres, que eran unas maravillosas personas, ¡muy piadosas y amigas de Jesús! Fíjate, desde que era muy pequeña se acostumbró a ir a misa todos los días, bien tempranito... ¡a las cinco y media de la mañana!

A SANTA «TERESITA» LE GUSTABA QUE LA LLAMARAN ASÍ: ELLA QUERÍA SER PEQUEÑA DELANTE DE DIOS

—¿Ella sola? —Cuca no se lo podía creer.

—Nooo, jajaja, ¡claro que no!, Cuca. Iba toda la familia junta. Con el tiempo, su hermana Paulina se hizo monja e ingresó en el convento de las Carmelitas, y aunque eso entristeció bastante a Teresita, supo entender que la felicidad está en la entrega a Dios. Y unos años después, al cumplir los quince años y tres meses, ella también se hizo monja, con una alegría inmensa.

—Es decir —interrumpió Kiko—, que Teresita se fiaba totalmente de Dios y entendió que él nos ama y quiere siempre nuestro bien, ¿no es eso?

—¡Bingo! —exclamó el abuelo—. Eso es hacerse como un niño, tratar a Dios con la misma confianza con que tratas a mamá y a papá, pues sabes que te aman y lo dan todo por ti.

—Y santa Teresita lo hizo así —comentó Cuca dejando el libro sobre la mesa—. Aquí dice también que murió muy joven y se fue al cielo muy alegre... ¡Tan contenta!

—¿Contenta por morirse? —exclamó Kiko asombrado.

Y el abuelo, antes de contestar, rió de buena gana y les dijo:

—No, contenta porque aceptó que esa era la voluntad de Dios. Ella amaba, ante todo, la voluntad de Dios.

CAPÍTULO 13

SANTA MARÍA GORETTI

Kiko y Cuca llegaron a casa del abuelo comentando la pelea que esa mañana había protagonizado su hermana Carmen con sus padres, quienes habían discutido acaloradamente a causa de la ropa que la niña, de doce años, se quería poner.

En cuanto vieron al abuelo le contaron lo ocurrido, hablando los dos a la vez, mientras subían las escaleras que llevaban a la biblioteca.

—La verdad, abuelo, es que mis padres se pasan un montón —refunfuñó Kiko—. No sé por qué no la dejan que se vista como le dé la gana.

—Sí —continuó Cuca—, siempre están: que «si esa falda es muy corta», que si «eso es ajustado», que si «eso se transparenta»... ¡Verás como a mí me pasa igual!

—¡Y a Javi, abuelo, también se enfadan con él por el tema de la ropa!

—¿Javi también se pone faldas muy cortas? —bromeó el abuelo poniendo los ojos bien redondos y una cara tan cómica que los niños estallaron en carcajadas.

—¡Qué ganso eres, abuelo! —Cuca lo besó mientras seguía riendo—. ¿Te lo imaginas?

El abuelo negó con la cabeza sin dejar de reír, y acercándose a la estantería eligió uno de los libros.

—Tomad —les dijo—, leed esta historia y luego me decís qué os ha parecido, ¿de acuerdo? —les preguntó dejando el libro sobre la mesa. Después, en lugar de marcharse al piso de abajo, como hacía siempre, se quedó sentado en el viejo sofá que había junto a la pared. Como Cuca lo miró extrañada, añadió:

—¡Hoy me vais a coser a preguntas!

Kiko se arrodilló sobre la silla y alargando la mano abrió el libro.

—Santa María Goretti —susurró.

—Venga, Kiko, lee en voz alta —le apremió su hermana.

«Santa María Goretti era hija de unos humildes campesinos. A los diez años se quedó huérfana de padre y, mientras su madre trabajaba fuera, ella se hacía cargo de las tareas de la casa, cosa que hacía con alegría. Todas las semanas asistía a catequesis, y al cumplir los once años hizo su primera comunión. En aquel momento hizo el firme propósito de morir antes que cometer un pecado».

—¡Madre mía! —exclamó Cuca—, ¡prefería morir antes que ofender a Dios!

—¡Eso es! —intervino el abuelo—. Desde que comulgó por vez primera entendió que Dios habitaba en ella y que cuanto más limpia tuviera el alma, más contento estaría Jesús. Así deberíamos actuar todos.

Kiko siguió leyendo:

«En la misma finca donde vivía María, trabajaba un hombre llamado Alejandro, quien se enamoró de ella cuando solo contaba doce años».

—¡Qué romántico! —suspiró Cuca.

El abuelo sonrió levemente antes de decir:

—Eso no era amor, Cuca. Sigue leyendo y lo verás.

«Alejandro había perdido el tiempo con lecturas impuras, lo cual lo llevó a buscar a María para proponerle hacer cosas como las que había leído. Sin embargo, María, consciente de que aquello ofendía muchísimo a Dios, lo rechazó con firmeza, haciendo que Alejandro se sintiera despreciado. Entonces, un día el hombre la quiso obligar por la fuerza, pero ella le recordó que lo que pretendía era un pecado y él, que se puso furioso, la atacó con un cuchillo clavándoselo catorce veces».

—¡Pero qué pedazo de bestia! —exclamó Kiko horrorizado.

—Sí, desde luego. La lujuria ciega a las personas, hasta el punto de hacerlas perder la razón —le explicó el abuelo.

—¿La lujuria?, ¿eso qué es, abuelo?

—Es el pecado que va contra la virtud de la castidad. La lujuria lleva a las personas a tener pensamientos, a consentir deseos e incluso a cometer actos impuros.

—¿Cuándo se comete ese pecado?

—Pues mirad, por ejemplo, cuando dos personas que no están casadas tienen relaciones sexuales, o cuando se leen libros o revistas que relatan esos actos. También cuando se miran imágenes, fotos o películas donde actúan personas desnudas o con poca ropa, o que hacen escenas propias de la intimidad del matrimonio...

—Pero abuelo, el sexo no es malo, ¿verdad? —Cuca lo miró ceñuda.

—¡Claro que no! Dios nos hizo hombre y mujer, precisamente para que nos reprodujéramos. Gracias al sexo estamos todos aquí, pero recordad siempre que esas relaciones son propias exclusivamente del matrimonio. O sea, entre casados, es una bendición; sin embargo, fuera del matrimonio, es un pecado.

—¡Menuda diferencia! ¡De ser buenísimo a ser malísimo! —exclamó Kiko.

Cuca siguió leyendo:

> «Pero la niña no murió inmediatamente, sino que la trasladaron a un hospital, donde la operaron sin anestesia, puesto que no había. María soportó todos los dolores ofreciéndolos a Dios. De todos modos, no lograron salvarle la vida y un día antes de morir recibió la comunión, el sacramento de la unción de los enfermos y dijo bien clarito que había perdonado a su agresor».

Los mellizos se miraron en silencio. Según su propósito, María murió por no ofender a Dios. ¡Tremendo! Pero más fuerte aún les pareció que, como el mismo Jesús, hubiera perdonado a su asesino.

CAPÍTULO 14

SAN JOSÉ LUIS SÁNCHEZ DEL RÍO

¡Ring, ring, ring ringggg!! El timbre de la casa del abuelo sonó con insistencia.

—¡Ya va!, ¡ya va! ¿Qué ocurre, hay fuego? —preguntó Manuel al tiempo que abría la puerta.

Kiko la empujó con fuerza y entró como un rayo, situándose detrás del abuelo mientras gritaba:

—¡¡Que me mata, abuelo, que me mata!!

Antes de que el abuelo pudiera decir nada, Cuca lo empujó intentando alcanzar a su hermano. ¡Venía hecha una furia!

—¡Te vas a enterar, niñato!

—¿Se puede saber qué está pasando aquí? —el abuelo sujetó a su nieta por los brazos para alejarla de Kiko, que saltaba con los dos pies mientras decía «perdón, perdón, perdón» a toda velocidad. Cuca empezó a calmarse y le contó al abuelo que Kiko le había dicho a Mari Luz que ellos iban a misa todos los domingos y que además recibían catequesis en la parroquia.

—¡Y ahora no se van a querer juntar conmigo! —sollozó.

—A ver, ¿por qué no se va a juntar contigo? ¿Qué pasa porque Kiko le haya contado algo que es verdad? ¡No entiendo nada!

—¡Ay!, verás abuelo —Cuca siguió hablando.

—Mari Luz es la niña más guay y yo quiero ser de su pandilla. Hoy me ha invitado a su casa y va este —dijo señalando a su hermano— y le dice que el viernes no puedo quedar porque... ¡voy a catequesis! Y cuando Mari Luz se ha reído, va y le dice también que todos los domingos vamos a misa —a Cuca se le saltaban las lágrimas y estaba roja de rabia.

Entonces el abuelo los invitó a subir al desván. Iba muy callado. Escogió un libro y se dirigió a su nieta con palabras muy duras:

—Creo entender, Cuca, que te da vergüenza ser amiga de Jesús.

La niña intentó justificar su actitud:

—No es eso, abuelo, yo a Jesús lo quiero mucho, pero es que Mari Luz y sus amigas se ríen de los niños que vamos a misa, dicen que somos unos «buenecitos».

—¡¡Si quisieras a Jesús, no solo no te avergonzarías de él, sino que darías hasta tu vida si fuera necesario!!

¡Madre mía! Hacía mucho tiempo que los niños no habían visto al abuelo tan disgustado.

—Quiero que leáis la historia de san José Luis Sánchez del Río —el abuelo abrió el libro y se lo acercó a su nieta—. Empieza ahí —lo señaló con el dedo.

«San José Luis Sánchez del Río fue un niño mexicano que con apenas 14 años se alistó a un ejército que se había formado en su país para la defensa de la fe, ya que desde hacía unos años el gobierno había prohibido cualquier manifestación religiosa».

—¿Con esa edad se puede ir al ejército, abuelo? —interrumpió Kiko a su hermana.

—La verdad es que no, pero él se empeñó y no paró hasta conseguirlo, pues le dijo a su madre que «nunca había sido tan fácil ganar el cielo». No utilizó ningún arma, pero llevaba con muchísimo orgullo la bandera y el estandarte de aquellos soldados defensores de la fe.

—Aquí dice que se llamaban «cristeros» —añadió Cuca señalando con el dedo.

—Sí, por eso se lo conoce como «el Niño Cristero». Pero sigue leyendo...

«Tenía fama de ser muy valiente y un día los soldados del gobierno lo tomaron prisionero. Intentaron hacer que negara a Jesús e incluso que se pasara a su bando para luchar contra los cristeros, pero José Luis se mantuvo fuerte aun sabiendo que lo podían matar. Entonces decidieron acabar con él».

—¿Lo mataron? —Cuca abrió mucho los ojos.

—Primero lo torturaron cortándole las plantas de los pies —continuó el abuelo— para después obligarlo a caminar por las calles empedradas del pueblo hasta el cementerio, donde finalmente lo remataron. Mientras lo conducían los soldados hacia el camposanto, el niño cristero no cesaba de aclamar a Cristo Rey ante el asombro y rabia de los soldados, y la admiración del pueblo que presenció su martirio. Al llegar al lugar, lo colocaron al lado de una zanja, mientras él seguía gritando vivas a Cristo Rey. Entonces se abalanzaron unos esbirros contra él y lo cosieron a puñaladas y a tiros. Cayó en el hoyo y lo taparon, retirándose después satisfechos de su hazaña.

Cuca cerró el libro y escondió la cara entre las manos. Entonces el abuelo, que ya no estaba enfadado, le acarició la cabeza y cerrando el libro terminó de contar:

—¡Se había ganado el cielo! El papa Benedicto XVI así lo dijo cuando lo beatificó en el año 2005, y once años después fue declarado santo.

—Para que nos sirva de ejemplo, ¿verdad, abuelo? —Kiko se levantó de la silla dando un salto.

—¡Eso es! —Manuel afirmó con la cabeza— Y para que nos demos cuenta de que siempre, pero… ¡siempre!, merece la pena «dar la cara» por nuestro gran amor, por nuestro amigo Jesús.

—Le voy a decir a Mari Luz que es verdad que voy a misa y que además… ¡estoy súper orgullosa de ello! —Cuca apartó la silla de la mesa, y poniéndose de pie dio unos cuantos pasos de baile, haciendo que su hermano y su abuelo estallaran en carcajadas.

CAPÍTULO 15

SAN JOSEMARÍA ESCRIVÁ

El abuelo subió a la buhardilla con un par de bocadillos para sus nietos y un café con leche para él. Los niños llevaban un buen rato buscando en la estantería un libro sin terminar de decidirse y Cuca soltó un sonoro suspiro.

—¡Ay!, abuelo, ¡qué difícil! El próximo tema va a ser «amar a Dios sobre todas las cosas», pero eso... ¡es lo que han hecho todos los santos, ¿no? —preguntó mientras cogía la merienda; y dando un buen mordisco continuó—... ¡Qué rico!, gracias, abuelo.

—Bueno, no importa si no terminamos el trabajo hoy —Kiko separó las rebanadas de pan y raspó la nocilla con los dientes.

—Abuelo, dile a Kiko que no haga guarrerías —se quejó Cuca al ver los dientes sucios de su hermano.

—Kiko, haz caso a tu hermana —el abuelo sacó un libro de su estante y preguntó—: ¿Por qué dices eso, Kiko?

—Pues porque esta semana no vamos a ir a catequesis.

—¿Y eso? —se extrañó Manuel, al tiempo que dejaba el libro sobre la mesa.

—Es el cumpleaños de una niña de nuestra clase y va a

hacer una fiesta en la pizzería, así que no podemos ir a «cate» —aclaró Cuca.

—¿Que no podéis...? Más bien será que «no queréis» —el abuelo los miró ceñudo.

—¡Pero abuelo! —protestó Kiko—, va a ser una fiesta guay, por una vez que faltemos a «cate» no va a pasar nada, ¿no?

—¿Y no podéis hacer las dos cosas? —preguntó el abuelo—. Por ejemplo: ir a catequesis y después a la fiesta, o bien al contrario, ir a la fiesta y luego a la parroquia...

—No, abuelo, imposible. La fiesta empieza las cinco y va a durar toda la tarde —le aclaró Cuca.

Entonces el abuelo se sentó despacio en la butaca y mirando con tristeza a sus nietos les dijo:

—«Amarás a Dios sobre todas las cosas». ¿No es ese el tema de esta quincena?

Los niños dejaron de masticar y lo miraron muy serios.

—Pues bien —continuó— eso significa que las cosas de Dios deben estar antes y por delante que las cosas de los hombres. Si hay que elegir entre una fiesta o la catequesis... ¡lo primero es Dios!

—Pero abuelo —lo interrumpió Kiko— que nunca faltamos, y por una vez... no pasa nada.

Manuel miró profundamente la portada del libro que había elegido y pasando los dedos despacio sobre la imagen que la ilustraba, dijo muy lentamente una frase muy curiosa:

—«De que tú y yo nos portemos como Dios quiere —no lo olvides—, dependen muchas cosas grandes».

Los mellizos habían dejado el bocadillo sin terminar sobre los platos y observaban a su abuelo, que estaba inusualmente serio. Cuca preguntó muy bajito:

—¿Eso qué quiere decir?

—Eso quiere decir que todas nuestras acciones tienen sus consecuencias. Dios espera de nosotros que siempre lo elijamos a él, y aunque a veces podemos pensar que algo no es importante, nos estamos equivocando. Hacer lo que Dios espera de nosotros siempre, oídme bien, siempre, tiene una consecuencia. Mirad lo que le ocurrió a este sacerdote, a san Josemaría.

«Un día de invierno, cuando Josemaría era un joven de unos 15 años, salió temprano para ir al instituto. Hacía muchísimo frío y todo estaba cubierto de nieve. De pronto, se fijó en que alguien había dejado sus huellas al caminar, y eran de unos pies... ¡descalzos! Eran de un fraile que lo hacía así para ofrecerle al Señor un sacrificio, y para imitar a Jesús, que llevó una cruz por nosotros. Sorprendido, Josemaría pensó: "¿Si otros hacen tantos sacrificios por amor de Dios, yo no voy a ser capaz de ofrecerle nada?".

A partir de entonces, empezó a ir a misa todos los días y a confesarse con más frecuencia. Sentía que Dios le pedía algo, pero aún no sabía qué. Por eso, decidió hacerse sacerdote: para estar más libre para servir al Señor y a los demás».

El abuelo interrumpió el relato y mirando a los niños les preguntó:

—¿Qué hubiera ocurrido si aquel fraile ese día hubiera dicho: «hace mucho frío, por una vez que no haga mi sacrificio, no pasa nada»?

—Pues que, a lo mejor, san Josemaría no se hubiera planteado nada —contestó Cuca.

—Y se hizo sacerdote, ¿verdad, abuelo? —preguntó Kiko.

—Aquí lo tienes —el abuelo le enseñó las fotografías que ilustraban el libro—. Desde aquel día, san Josemaría solo buscó hacer la voluntad de Dios, es decir, «amarle sobre todas las cosas». Y tenéis que saber que, además, gracias a su entrega son miles y miles las personas que, siguiendo sus enseñanzas se acercan todos los días al Señor.

Kiko miró a su hermana y le dijo:

—Cuca, creo que mejor vamos a catequesis y luego, si nos da tiempo, nos pasamos por la fiesta, ¿vale?

—¡Lo mismo te iba a decir!

El abuelo acompañó a sus nietos a casa, y al dejarlos en el portal levantó los ojos al cielo, sonrió y con un guiño de complicidad murmuró: «¡Gracias, san Josemaría!».

CAPÍTULO 16

MONTSERRAT GRASES

El sábado por la mañana se jugaba un partido de fútbol muy importante para Kiko, pues el entrenador le había prometido que si marcaba un gol lo nombraría delantero para toda la temporada. A pesar del frío, en las gradas estaba toda su familia y Cuca no paraba de vocear... «Ese Kiko, ese Kiko, ¡eh!, ¡eh! ¡eh! Ese Kiko...» cuando ocurrió la tragedia...

Una entrada del defensa rival lo tiró al suelo y... ¡se hizo un esguince! No hacía falta que el médico dijera nada: Kiko ya sabía que para él se había acabado el fútbol por lo menos durante un par de meses, y el puesto de delantero se lo darían a Dani, un niño que siempre se burlaba de él.

Su hermano Javi lo cogió a cuestas y bromeaba intentando que el niño dejara de lamentarse.

—Vamos a mi casa, que queda más cerca —dijo el abuelo— y esperamos allí a vuestro padre.

Al llegar a la casa, el abuelo pidió a Javi que subiera a su hermano a la buhardilla.

—Abuelo, ¡qué recuerdos! —exclamó Javi dejando a Kiko con cuidado sobre una de las sillas— ¿Qué libro vais a leer?

—¡¡San Kiko!! —chilló su hermano, que había estado callado aguantando las ganas de llorar.

Como el abuelo lo miró con severidad, el niño explotó diciendo:

—Que no hay derecho, abuelo, que me duele un muchísimo. ¡Ay, ay, ay, ay! Y, además, he perdido la oportunidad de ser el delantero y ahora, ya verás, me quitará el sitio el chulito de Dani. ¡No es justo!

Javi miró al abuelo con complicidad y sacando un libro de la estantería, dijo:

—Abuelo, creo que la historia de Montse Grases es muy oportuna, ¿qué te parece?

—Es preciosa, Javi —asintió Manuel—. Seguro que Cuca quiere leérsela a su hermano.

—Abuelo, ¿qué sentido tiene esto? ¡No es justo! —Cuca se echó a llorar.

—Todo es para bien, cariño —el abuelo le acarició la cabeza—. Mira, el libro que ha elegido Javi nos cuenta la historia de Montse, una chica que en la plenitud de la vida se encontró con una terrible enfermedad, pero que supo darle sentido al dolor. ¿Queréis que la leamos?

Los mellizos, que estaban muy enfadados, se encogieron de hombros.

—Anda, Javi, empieza a leer. Además —dijo el abuelo—, es una historia que os vendrá muy bien para vuestro trabajo en la catequesis.

Javi abrió el libro y en voz alta empezó a leer:

«Montserrat Grases nació en Barcelona el 10 de julio de 1941 en el seno de una familia muy cristiana y numerosa. En 1957 sintió en su alma que el Señor la llamaba a seguir en el Opus Dei un camino de santificación de la vida cristiana en medio del mundo.

69

En su lucha por alcanzar la santidad, destacó
siempre el amor a la humanidad de Cristo, la piedad
eucarística, la devoción a la santísima Virgen, la
alegría y el esfuerzo por servir a los demás. Supo
encontrar a Dios en el cumplimiento de sus deberes
de estudio y de trabajo, en las cosas pequeñas de
cada día, hechas por amor a Dios y a los demás.
Cada día recibía la Eucaristía y se esforzaba por
vivir una presencia de Dios constante».

—¿En medio del mundo? —interrumpió Cuca—. O sea, que se
hacía santa... ¿con las cosas corrientes?, ¿haciendo la tarea,
estudiando, cumpliendo su trabajo?

—Eso es —afirmó el abuelo—. Pero mira, el libro dice que lo hacía
alegre y pensando siempre en los demás. Y que comulgaba todos
los días.

—¡Todos los días! —Kiko cambió de postura estirando la pierna
que le dolía.

—Sí, todos los días. Por eso, cuando llegaron los momentos difíci-
les, supo darle un sentido a lo que le ocurría —el abuelo indicó
con un gesto a Javi que siguiera leyendo.

«En junio de 1958, cuando tenía 17 años, se le
diagnosticó un cáncer de hueso en una pierna, causa
de intensos dolores que Montse llevó con serenidad
y heroica fortaleza. Durante su enfermedad, jamás
perdió la alegría y acercó a Dios a muchas amigas y
compañeras de estudio»

—¡Un cáncer! Eso sí que es horrible —dijo Kiko.

—¿Y cómo hizo para acercar a sus amigas a Dios?, no lo entiendo —preguntó Cuca.

—Ofrecía todos sus dolores, que eran horribles, por las personas que la rodeaban. Además, lo hacía sin perder la alegría y era muy querida por su buen humor —le aclaró el abuelo.

—Murió el Jueves Santo del año 1959 —terminó de leer Javi. Luego, cerrando el libro dio un golpecito en la cabeza de su hermano, que ya no lloraba y estaba con los ojos cerrados.

En ese momento llegó papá y no venía solo: Dani y los demás compañeros del equipo querían saber cómo se encontraba su amigo y enseñarle la copa que habían ganado.

—Guárdala tú, Kiko, te la mereces porque eres el mejor —le dijo Dani con una sonrisa.

Entonces Kiko cerró los ojos, sonrió y dijo muy bajito: «¡Gracias, Jesús!».

—¡Eh!, ¡que me llamo Dani! —exclamó su amigo. Y... ¡no entendió por qué al abuelo le dio tanta risa!—.

Y entre toses y estornudos, los niños rieron con ganas.

CAPÍTULO 17

SAN CARLO ACUTIS

Aquella tarde nuestros amigos llegaron a casa del abuelo con una novedad: habían descubierto a un nuevo santo, enamorado de la Eucaristía, igual que santo Domingo Savio y san Tarsicio, pero con la diferencia de que este chico era de la época actual. Muy excitados con la noticia, llamaron a la puerta con impaciencia.

—¡Ya va, ya va! —oyeron que contestaba el abuelo. Cuando abrió, los niños entraron quitándose las palabras el uno al otro.

—¡Abuelo, hemos conocido a un santo nuevo! —le dijo Kiko.

—¿Sabes qué? —preguntó la niña, y antes de que el abuelo contestara, continuó—, pues que es un santo moderno, de nuestra época. Se llama Carlo Acutis y es italiano.

—¡No, no, que nació en Londres! —interrumpió Kiko.

—Pero era italiano, bobo —insistió su hermana.

El abuelo les dijo que se dejaran de discutir y los invitó a pasar a la cocina, donde siempre les tenía preparada alguna golosina para merendar. Al ver un chocolate con churros, los dos hermanos se relamieron y mientras sacaban las tazas del armario, el abuelo les preguntó:

—Y bien, ¿vais a contarme lo de ese chico o lo tendré que averiguar yo por mi cuenta?

—Pero abuelo, quiero saber una cosa —Cuca lo miró pensativa—. ¿Nosotros podemos enseñarte algo a ti?

—¡Por supuesto! —rió el abuelo, y continuó— Y estoy deseando que me habléis de Carlo y me expliquéis como ha vivido para llegar a ser santo.

Kiko dijo que empezara Cuca, porque tenía mejor memoria y nunca confundía las palabras.

—Pues mira, abuelo, según nos ha contado la profesora de religión, Carlo Acutis nació en Londres, el 3 de mayo de 1991 de casualidad, porque allí estaban sus padres por motivo de trabajo. Pero enseguida volvieron a Italia, a una ciudad llamada Milán.

—Y tenía una niñera llamada Beata que le hablaba mucho de Dios —interrumpió Kiko, que estaba deseando intervenir.

—Sí, abuelo —Cuca miró ceñuda a su hermano—. Es que los padres de Carlo no eran piadosos, pero su niñera sí, y le explicaba cosas de Jesús, de la Virgen, del cielo... y desde muy pequeño se dio cuenta de que el amor de Dios podía llenar la vida de un niño.

—Y entonces —continuó Kiko—, Carlo entendió muy bien lo que es la Eucaristía y empezó a decir que era su «autopista al cielo». Tenía mucha prisa por hacer su primera comunión, estaba deseandííiiito recibir a Jesús en su alma. Entonces su madre lo llevó a hablar con un sacerdote, quien al darse cuenta de lo bien preparado que estaba dijo que podía recibir a Jesús ya... ¡con sólo siete años!

—¡Vaya, vaya! —se admiró el abuelo— Se ve que aquel sacerdote encontró en Carlo una devoción muy especial.

—Así es, abuelo —Cuca asintió a la vez con la cabeza—, y para que veas lo mucho que quería a Jesús, se hizo amigo de todos los niños de su clase... ¡se juntaba con todos! Y si alguno lo trataba mal y le pegaba, pues no le devolvía el golpe, aunque alguna vez un mayor le dijo que lo hiciera.

—Eso es porque sabía que a Jesús le entristecía todo lo malo. Y la venganza y la violencia son malas, ¿verdad, abuelo? —interrumpió Kiko.

—Efectivamente, que dos personas se peleen entristecen mucho al Señor. Pero seguid contándome, ¿qué más sabéis de este chico?

—Pues que se preocupaba mucho por los más pobres, a quienes ayudaba siempre que podía. Y era un genio de la informática —continuó Cuca—. Manejaba los ordenadores mejor que muchos mayores, y, además, sabía navegar por internet e investigar páginas sobre la Virgen, los santos y un montón de cosas buenas.

—¡Y entonces se le ocurrió recopilar muchos milagros eucarísticos e hizo una exposición chulísima con ellos —Kiko abrió mucho los ojos mirando fijamente a su abuelo, para ver si este lo entendía, y siguió diciendo—. Ya sabes, abuelo, milagros en los que Jesús se hace un poquito visible en la Sagrada Comunión, con un poquito de sangre o de su corazón...

—¿A que es emocionante, abuelo?, ¿a que sí? —Cuca se frotó los brazos como si tuviera un escalofrío. El abuelo los escuchaba con todo el interés, emocionado por la alegría de sus nietos.

—¿Y cómo murió? Si es santo, es porque ya no está en la tierra.

—Enfermó con una leucemia, que es un tipo de cáncer en la sangre. Pero no hay que estar tristes, él mismo dijo que moría feliz, porque nunca, jamás de los jamases había hecho nada que disgustara a Dios.

En ese momento, los hermanos se miraron con complicidad y Kiko exclamó:

—Abuelo, te vamos a contar un secreto: no queremos que nadie nos regale cosas en nuestra primera comunión.

—¡Ah!, ¿no? —el abuelo se extrañó muchísimo y los miró con incredulidad.

—No —Cuca sonrió con picardía—, lo que queremos es que nos den un poquito de dinero y juntar para ir de viaje a Asís, que es una ciudad italiana.

—¿Queréis ir a Asís? ¿Por qué?

Los dos hermanos rieron y exclamaron a la vez:

—¡¡Porque allí es donde está el cuerpo de nuestro amigo Carlo!!

Y el abuelo, muy emocionado, abrazó a sus nietos disimulando unas lagrimillas que se le escaparon de los ojos.

CAPÍTULO 18

MILAGRO EN FÁTIMA

Aquella tarde el abuelo se encontró a los niños de mal humor.

—¡Pero bueno! ¿Me queréis explicar qué os ocurre?

—Estamos tristes —murmuró Cuca.

—¿Tristes? ¿Por qué?, justo ahora, que ya sólo quedan dos semanas para que hagáis la primera comunión... ¡Deberíais estar más contentos que nunca! —exclamó. En ese instante Cuca rompió a llorar y se abalanzó a los brazos de Manuel.

—¡Pues por eso, abuelo, por eso! —sollozó— Porque esto se acaba, hoy es el último día que trabajamos contigo, ya no vamos a tener que venir los martes a leer historias, ni a reírnos juntos, ni

a esperar que se haga de noche merendando a tu lado ni todas esas cosas que hemos compartido los tres...

Kiko se contagió de la congoja de su hermana y corrió a abrazarle él también.

—Abuelo, ¿por qué se tiene que acabar lo bueno, eh? —se lamentó secándose la nariz con la manga.

—¡Eh, eh, eh! —sonrió el abuelo y les contestó— A ver, no seáis tan dramáticos. Podéis venir siempre que os apetezca, no hace falta ningún motivo. Nos quedan muchas tardes y muchos años para disfrutarlos juntos y si queremos hacer un trabajo... ¡ya lo inventaremos! ¿Os parece?

Los niños asintieron sintiéndose mejor. El abuelo les dio un pañuelo y al sonarse, Kiko hizo el ruido de una trompetilla, lo que les provocó la risa y dejaron de llorar.

—Gracias, abuelo —Cuca se sentó—, pero dinos, ¿por qué todo lo bueno se acaba?

—Bueno, eso parece, pero lo que ocurre es que la vida cambia continuamente; unas cosas acaban, otras comienzan y eso es así hasta que lleguemos al cielo. Una vez allí, todo será felicidad absoluta y eso no cambiará jamás.

—Pero nadie ha visto el cielo, ¿verdad? —preguntó Kiko.

—Es verdad. Sin embargo, algunos santos sí que han visto el infierno, Dios lo ha permitido para que nos lo cuenten y nos adviertan del peligro que supone alejarse de Dios.

—¿Lo han visto? —Cuca miró a su hermano con los ojos muy abiertos— ¿Quiénes?

El abuelo se levantó y acercándose a la estantería eligió un libro en cuya portada estaban dibujados tres niños de corta edad que tomaban la comunión de manos de un ángel.

—¡Son los niños de Fátima! —dijo Cuca— Que vieron a la Virgen varias veces, ¿verdad?

—Sí, la vieron en varias ocasiones. Mira, Kiko, empieza leer, porque les dio un mensaje de una enorme importancia para todos —explicó Manuel.

—Todo comenzó en Fátima en el año 1917, cuando los hermanos Jacinta y Francisco Martos, junto a su prima Lucia, estaban en el campo cuidando de su rebaño. Aquel día un ángel del cielo se los apareció.

-A mí me pasa eso y me muero del susto —comentó Cuca impresionada.

—¡Y yo! —exclamó el abuelo— Pero Dios había preparado sus corazones. Mirad lo que ocurrió después.

Kiko siguió leyendo:

—El ángel se los apareció dos veces más y la última les dio la comunión. ¡Hala, qué suerte! Con lo pequeños que eran y ya recibieron al Señor —se interrumpió Kiko.

—Sí, era necesario para poder soportar todo lo que tendrían que vivir en adelante. Recibir al Señor nos hace más fuertes, nos llena del amor de Dios y nos ayuda a ser cada día mejores.

—Ahora sigo leyendo yo —dijo Cuca cogiendo el libro—. El 13 de mayo de aquel mismo año, cuando estaban como de costumbre con las ovejas vieron un relámpago muy grande que los asustó, y cuando corrieron a buscar refugio, otro relámpago mayor los hizo detenerse en seco. En ese momento vieron a una señora de una belleza inigualable. Cuando le preguntaron que de dónde era, ella les respondió que venía «del cielo».

—¡La Virgen! —Kiko se levantó de un salto— ¿A que sí?

—Eso es. La Madre de Dios bajó del cielo y pidió a los niños que fueran a verla a ese mismo lugar los días trece de cada mes durante seis meses.

—¿Por qué les pidió eso, abuelo? ¿Qué puede querer María de unos niños tan pequeños? —se extrañó Cuca.

—Pues quería darles un mensaje para el mundo entero: les habló de la pena de Jesús al ver tanto mal en el mundo de los pecadores que se condenaban, de la gente que ofende a Dios. Les pidió también que rezaran todos los días el rosario.

—¿Y por eso vieron el infierno?

—Sí, la Virgen hizo que lo vieran y quedaron tan horrorizados que desde entonces no dejaron de hacer ni un solo día grandes sacrificios para que los pecadores se arrepintieran. A Francisco, lo que más le inquietaba era la tristeza de Jesús, y todo su afán era consolarlo. Jacinta y Francisco solo vivieron dos años más, ya que contrajeron una enfermedad con tremendos dolores, pero con alegría los ofrecían por la salvación de las almas. La Virgen les había prometido que se los llevaría muy pronto al cielo y así fue.

Los niños se quedaron un momento mirando las fotografías que ilustraban el libro y el abuelo habló de nuevo:

—Merece la pena, pequeños, merece muchísimo la pena buscar ese cielo donde lo bueno no acaba jamás.

Y nuestros tres amigos se dieron un abrazo tan grande que parecía que tampoco se iba a acabar.

ORACIÓN A SAN CARLO ACUTIS

Oh Dios, nuestro Padre,
gracias por habernos dado a Carlo,
modelo de vida para los jóvenes y mensaje
de amor para todos. Tú has hecho que
se enamore de tu hijo Jesús, haciendo de la
Eucaristía su «autopista hacia el cielo».
Tú le has dado a María como madre muy amada,
y has hecho que con el rosario se convirtiese
en un cantor de su ternura. Acoge su intercesión
por nosotros. Mira sobre todo a los pobres,
a quienes él amó y ayudó.
[También a mí concédeme, por su intercesión,
la gracia que necesito...]
Y haz que nuestra alegría sea plena,
conduciendo a Carlo entre los santos
de la Iglesia universal, a fin de que su sonrisa
siga resplandeciendo para nosotros
y para gloria de tu nombre.

Amén.

(Rezar un Padre Nuestro, un Ave María y un Gloria).

Este libro se terminó
de editar en Madrid
el 3 de noviembre de 2025,
san Martín de Porres.

BIBLIOTHECA
HOMO
LEGENS